歌集

鷗外の甍

Ogai no Iraka

Sakai Shuichi

坂井修一

短歌研究社

鷗外の甍　目次

V　鷗外文庫

鷗外の甍

装幀：　岡　孝治
カバー写真：papa88 / PIXTA　O.D.O

漏　刻

重力が水の分子をひきおろす音澄みやまね漏刻の朝

漏刻の水のしづけさうつくしさ　スマホが映す飛鳥の時を

漏刻守《もり》わが祖《おや》ならめもの言はず天智・天武の時間を見つむ

漏刻が狂ふすなはち弑《しい》せられむ匠《たくみ》ひそけしかの夜も今も

たまきはる我命《わぎのち》といふまつぱだかボディーシャンプー薔薇のかをりに

そよ風や日いづる国の水晶《クォーツ》の揺れてかちこちナノのあそびす

につぽんを「ほどよき」国といふひとよ　世界にはもう「ほど」などあらぬ

図書館長になった

大学の最後の仕事　書生らの守り神なりわれはよろこぶ

『シャー・ナーメ』初訳は土屋文明と知つておどろく図書館便り

『波斯神話』（大正五年）を駒場図書館から取り寄せる

文明は伊藤左千夫をいかに見し　ソーラーブの章読みつつおもふ

ルステムを「重苦しい打撃」襲ふてふ　わかき文明も打たれてゐしか

フィルドゥーシー国民詩人は不遇なりき（萬葉集をつくりし彼も）

わが守るアジア図書館はるばるとペルシャの塵は訪れて舞ふ

ながらへて学問の府のよもすがら思ひ出しをり刃渡りの日々

墓場まで背負つてゆけと言はれたる燃ゆる茨はわれのみが知る

沈黙を怒るツイートわれに向く〈正義〉とはいつも気楽な笞《しもと》

インク壺ペンをかたむけさしいれてしづかに吸はすなごりの青を

ペン止めてひかりの中のソクラテス毒薬の壺ながめし時間

ファイザーの疼痛やまぬ昼の肩時間を消さむ快楽がゐる

The Innerlight — Star Trek

あをざめた馬迫る見てほほゑまむ　ひとりひとよのカターンの夢

休学届

ひとといふひと遠ざけてわがゆふべひとつとどまり鴉が鳴けり

とねりこの頂点ちかくなにごとか予言するごと大鴉ゐる

再開せよ講義・実験・ミーティング現場なきこゑはかくもうつくし

ひとの息かからぬやうにかけぬやうに息止めてをりマスクのなかで

新年度休学届ひとつ来《き》ぬ電話かけつつこめかみを揉む

電話のこゑ我にもかよふ匂ひあり学問好きの学校嫌ひ

梅雨のあらくさ

梅雨寒を運んで風はさやかなり遠くから来て消えゆくものよ

指を置くキーの隙間も塵たまる朝が来てをり雨音の中

朝の雨しまとねりこの葉にふれてひくき音すも断章のごと

雨の筋生まれ消ゆるに親しまむ文月しづかなベランダの椅子

なかぞらにつめたくほそく雨の列あらはれ消ゆる声なきものよ

雨は降る「あのくたらさんみやくさんぼだい」われをひびかす言葉となりて

鱗翅目蜆蝶科のアカシジミ　ヤマトシジミにつづき舞ふみゆ

葉隠れにしじみ蝶とぶしづけさやわれもあそばなこの閻浮提

妻も吾も梅雨のあらくさ戦争のすきまに生きて六十余年

戦争は悪とうたひし宮柊二戦争あらぬ悪の世に棲む

釈迦に降りし雨はキリストよりおほしぽつんぽつんと頭《かしら》をぬらす

沙羅の花モンスーンアジアの無数なる死のなかひとつ死へ落ちゆけり

虚空よりマンダーラヴァ花降るといふ告ぐるなといひ告ぐる人あり

死ぬときにわれは思はむかたつむりただ雨好きのをとこなりしと

夏の雛

わが影のうすき夏の日印度牡丹の墓石買ひぬちちははのため

この墓のカロート広し「先入る」ほほゑむ母よものいはぬ父

はうれんさう胡麻粒まぶし箸に乗せお口にはこぶお口むらさき

四月わが副学長になりしこと忘れて幾度母はよろこぶ

よりそひて妻の食べさす鰻の身片々となり母に入りゆく

キーウィは「おいしい」椎茸吐き出して母は首振る夏の雛《ひひな》よ

母が目にひかり宿らずなりゆきし母が目はわが涙も見えず

オレステース

図書館の椅子きしむとき浮かびくるオレステースの刃《やいば》のひかり

壺絵なるオレステースは母老ゆる季《とき》を待たずに弑せしをとこ

わが愛すギリシャの王は母殺し姑殺し息詰めてせし

わが母の愛せし人は父ならずアイギストスといづれうるはし

父ならぬその人は顔も名も知らずはるばるとわれに思はれて老ゆ

蠟の火や王となる夜ものどぼとけ赤きは赤きままに過ぎけむ

復讐をこころにもちておのづからほほゑむごとし蠟の燃ゆるは

幸せな母

子を産みてたちまち死なむ鮭のこと今は羨《とも》しとホームの母は

見えざれば識らざれば「はよ学校に行かんかね」母に十六のわれ

われは見る海馬萎縮のＣＴを四十雀つんと空にゐる春

九十はをちかへる年目も耳も開けど見えず覚えぬ母よ

ながきながき物語するたらちねの昔のかをりローズマリーや

「さちこさん、もうい いよ」といふ声のする夕暮の窓父は閉めたり

ちちははの古き愛ひとつ不可思議の音たててをり手つなぎ歩む

出征

草刈れば草のにほひにまみれつつわらわらと出づ夭《をさな》きものら

ひとと虫たはむれ遊ぶおのづから遊ぶはゆかしつぶやきながら

夏の家わがこもるなる奥の部屋ぽつねんとあり黒きパソコン

「出征」はひとの歴史の合言葉「出征」そつと沁みゆく夏野

あかねさす真昼の部屋のテレワークその延長に「出征」がある

「出征」は出づるにあらず征くならずサイバーの野に矢を放つこと

世を恨むこの若者らメタバースたのしかるらむ町襲ふなり

人を狩るよろこび深くふりつもり〈遠隔戦争〉はてしなきかも

日のひかり真夏真昼のわれ照らすわが学びしは何かと照らす

ヴァーチャルの中のリアルやかの国がラスボスとなりわれも火の玉

キューブリック「博士の異常な愛情」に興ぜしわれやなにに興ぜし

こはいこはい核の弾丸その頭《あたま》わたしはわたしの頭がこはい
四十雀つぴ、いと鳴く間《ま》押さずおく核のボタンはスマホアイコン

悪趣味

カミオカンデあをくひかれりわれ今宵ひとの世は知らず神と遊ばむ

夢のなかなつかしき手に誘ふものアリストテレスそのフィロソフィア

「鷗外の軍医総監悪趣味なり」清張いひき愉しからずや

季節ただ夏冬ふたつ草庵を結ばむ春の夢も散りゆく

華氏百度あらはれいでよロレンスよアラブ服着て列車の屋根に

直学拒世

にんげんがかたむいてゆく日本の雨のほそみち黄薔薇赤薔薇

コロナの火をちこちに立つこの街を鹿が走るといふはまことか

薔薇を食ふ鹿こそあはれ末の世に生まれし鹿はさはさはと食ふ

さをしかのまぼろしが来てこの国は死ぬやと問へり首ふりながら

わらべうた　はたり、はた、はた　金色《こんじき》の羽根織るつうの昭和平成

平成は陽あたるながきくだり坂蒼白の薔薇あまた咲かせて

暑い暑い鳴くたび暑い四十雀黒ネクタイをつけて飛来す

チチシンダ　電信柱の四十雀声高く鳴く　オホチチシンダ

わが肉のさやけき今日やニュートリノ色即是空の宇宙をすすむ

家一軒買ふたび老ゆるわがこころ咎めたまふな昼、四十雀

晴水さんは、二十年来の私の秘書さんだ

晴水さん取り次いぢやダメ　けふわれはブンヤ嫌ひの森林太郎

給金の安きを言ひて教へ子の「日本を捨てる」はや二十人

シャトー・ラフィット
銭はらひくすしき酒を拝み呑む若者ふたり　われは書読《ふみ》む

夏の夜の眉につばつけ聴いてゐる金持ちのいふダイバーシティは

リモコンをいぢりて過ごす夏の夜の狭まりてゆくわれの眉間は

K首相「曲学阿世」とわれを呼ぶ夢より醒めぬリヴィングの椅子

「いや俺は直学拒世のうたびとだ」声にならねど言葉あふるる

寝落ちして深夜ニュースを見損ねきルビコンの川誰か越えしか

藤の蔓かたく締まれる池の端広田先生まだここにゐる

薔薇の香に空梅雨の夏も過ぎてゆく　理系教師も単純ぢやない

うたびとに徹せよと迫る顔ひとつ養生テープ剝がすごと言ふ

三割

俗物のわれを見つめる仙人のわれのさびしさ病院の椅子

造影剤われの体を楽しむやじわりじわつと四肢熱くなる

ＭＲＩよりもほのかな音のするＣＴの中ふかく息つく

脾動脈へうたんのごとき瘤ありと〈三月後再診〉医師はキー打つ

若き医師仕事三割減らせちふ減らさばきつと鬱になるらむ

わづかなる財をならべてはじめての遺書はコンビニ弁当のごと

たけとガリレオ

無人駅また無人駅うつし世の隠語のごとしヒバの葉裏も

騒がしき『津軽』のラストたけが出て無憂無風の修治あらはる

たけのゐる津軽は恋へど目に見えずヒバの風われをくすぐる秋や

ほんたうはたけはなんにも言はざりき文の芸には昔噺《むがしこ》話す

大学を横に出でたる津島修治　出られぬわたし六十四歳

「仕事中」かかげて閉ざすこの部屋で服を着たまま猿《ましら》に戻る

つきしろは地球をまはる　老眼のましらがぽちり爪切るときも

年齢は十六進で

６４をＸ《ペケ》４０と言ひなほし口の端《は》すこしひきつるおぼゆ

大学を杖とし生きし四十代　五十よりわれは大学の杖

『邯鄲線』の書評をお断りした

石田さんの最期のねがひ聞かざりしわれを待つらむ地獄の比呂志

かんがへてかんがへて何も出てこない老いのとば口さやればひやり

第二の人生なんでもいいと妻はいふ　なにしてもきつと怒るのだから

石井洋二郎先生の依頼

「リベラルアーツと自然科学」を脱稿すこれさよならかアインシュタイン

われのみぞ洋の西東たのしみしガリレオの眼鏡淵明の琴

われの名を忘れて学はうつろはむ図書館出口傘開《あ》けながら

味方すくなき人生をわれはあゆみきぬ灰色の傘空にかかげて

入江英嗣君はかつての私の指導学生。今は研究室の跡継ぎ

〈あとつぎ〉はむかしむかしの合言葉実朝の波ひかるゆふぐれ

入江君の御祖父さんは入江徳郎氏

死線といふ言葉のリアル　入江君の祖父なるひとのノモンハンにありき

戦《いくさ》なき世を生きて死ぬまぼろしのいま焼け落つるクリミヤの橋

二十五時

二十五時妻の入りくる寝室をわが出でゆけり会議はじまる

書斎よりあぶれしわれは子供部屋間借りしていまＺｏｏｍにむかふ

二十五時たちまちまなこ瞠《みひら》きてフルスピードの英語を聞かむ

真赤なるくちびるひとつあらはれて液晶画面隅の華やぎ

スーザンがマリアが叫ぶこの学会太郎はあれど花子あらずも

極東の還暦過ぎに時差は暴《ぼう》　てのひら開《あ》けて左右《さう》の頰打つ

鷗外守

学につかへ芸にあそびし半世紀夢よりも夢ひとは笑へど

若き日を語れといふか若きわれ井蛙《せいあ》なれども大海へゆく

ことば捨て生きゆかむ地平あらなくに捨てよといひき春の貴《あて》びと

みんなみの伊藤一彦声ふとく励ましくれき「もつと迷へ」と

結婚にブレーキかけし父と母いまはてしなく吾妻に甘ゆ

〈二項対立〉などあらざりきふつふつと嗤ひの湧くをひとは知る無し

科学者歌人だれにも理解されず死ぬ石原純といふ名を残し

うつしよに友はなけれど詩歌史のなかにほほゑむ純・杢太郎

恋すてふその名は木下杢太郎「花の昇菊」ドイツ語日記

白秋を友とし啄木とほざけて杢太郎うたふ「空に真赤な」

わが友に啄木あらぬ悲しみは真昼の雷《らい》と鳴りいづるかな

法学部長南原繁苦悩せりうたびと南原の言葉のなかに

私の今の職場

南原ら終戦工作せしといふ図書館二階『形相』に紙魚

「理科系の良心」と呼ばれ三十年毒矢避《よ》けつつ舞ふごときかも

学も芸も精神《こころ》あふれてあばるるをわれは楽しむ夕風の窓

ちりあくた舞ふうつしよの昼の鐘帰りなむいざ鷗外文庫

鷗外守そつと業房ぬけだして地の底書庫のほこりを浴ぶる

なぜわれが鷗外文庫のあるじかと問ふこゑもなし真昼真空

鷗外がリアル・エリスに書きのこす「つまらないから読むなこの本」

いま死なばうつくしからむわが世かな鷗外文庫『ファウスト』のまへ

死びと

朝霧の寒さはかなさほのぼのと赤浮きくるとみれば鉄錆

監視カメラ　かなたにひらく目にむかひ死びとのごとくわれはほほゑむ

たのしみは裏側にゐてひとを狩るマクベスの魔女イワンの悪魔

このカメラわが教へ子の作《な》ししもの霧の夜すらやひとをとらへむ

教へ子はミサイルの頭作るらし刻々軽くひとのあたまは

信号待ち傘のなかより電子音　相合ひ傘はいつの世なりし

メタバース仮面《アバター》として恋をするひとりひとりの雨傘のなか

花と人よみがへる日の来たらむやおもかげは立つ春のおもかげ

わがひとよ出会ひはいつも霧の中まなこつぶりて聴く四十雀

Society 5.0

エッジからフォグへフォグからクラウドへ夢はうつろふ蒸気のやうに

紅梅のあえかなる香のさびしさに寝覚めしわれや幾度寝覚めし

生きすだま見ゆるといはば大学を逐はるるだろかこの老書生

うつくしく老ゆる恋人ひとはみな持ちて老いゆく別れののちに

漱石の嫂《あによめ》登世の襟首をしばしまんじり見つめて春は

わが婚を壊さむとせし母ありきそのひとよつひに幼児《をさなご》のごと

もの食へぬ母はエンシュア呑むばかり　ことば呑みつつほほゑむはわれ

わが妻はことば織り姫そのことば夜半の井戸よりくみあげて来る

文芸がしぼめばひとの世もしぼむしぼみの芸人令和さすらふ

われはいま無為の旅びとアンニュイを徒然と訳しあとは語らず

ここで言はばことばのメスがざくざくとひと刻みわれは返り血まみれ

「わが術は破れたり」春の群雲《むらぐも》よプロスペローのごとひとりごつ

海境

大堀の川に浮かびてつがひなす小鴨は鳴けり春の匂ひに

白うすきわれの顱頂に春は来て渦巻くは赤くいぶせき命

「定年後愉快に生きよ」医者が言ふたのしくはなし若き日の愉快

垂訓に空飛ぶ鳥を見よといふ鳥の自由をわれら持たねど

皿あらふ夜半おもふなり口臭といふはありしやイエス・キリスト

腕力のままに渡りをなす鴨も老いぬれば墜ちむ春の海境《うなさか》

ヒトへゆくインフルエンザ鳥もたば家籠もりせむわれら一生《ひとよ》を

友とするに

われはいま川面のあぶく天つ日に照らされ消えむ春のあそび玉

みづに立つ青鷺とみづくぐる鵜といづれよきやと見れば鴨くる

魚を食ふ鵜の目鷺の目するどきを草食ひの鴨いかに見るらむ

シベリアへ小鴨たつ日も軽鴨のあらそふ声はきれぎれ続く

つらなめて渡る小鴨のうつくしさ友なきわれは傲然と見つ

友とするにわろきものばかり増ゆるとぞ兼好法師嘆きをらずや

鴨は鴨のつがひとなりて楽しまむ春のひかりのほろびゆく水

白秋謹呈『櫻』を購ふ

『櫻』読む令和は五年哲久の昭和十五年いづれ暗しや

あがなひし『櫻』は白秋謹呈本ふたり思ひてひねもす黙す

目の見えぬ白秋に『櫻』ささげむと哲久は瞳かがやかせつつ

〈白秋様〉くきやかなれどその筆のはつか乱るるくるしかりけむ

板壁に哲久貼りしいちまいの欧州要図いつ破られし

おほいなる火のたち燃ゆるヨーロッパ八十年を閲すれどなほ

「瞋《いかり》」の字とどめて声は消えゆかむ哲久『櫻』あき子『飛花抄』

四十雀

藤の花とほくけむりとなりて咲く紫式部に恋せしむかし

水騒ぐ第三惑星ひととわれ出会ひしはひくき雨雲の下

思ひいでよ蜜のあはれを知るまでに尾長の青は幾度よぎりし

花の香を嗅ぐのみに過ぎむ青春をひとはとがめし哲学の道

薔薇の花ぴんくをわけてかなぶんは潜らむとすもこのゆふひかり

花はみなとほくながめてゐるばかり雨の夜半にはマティーニを手に

ベルモット嗅ぎつつジンを舐めるのよ囁きありきわれは聞かずも

白河の水ほど浄くなかりけむわが半世紀鯔跳ねをどる

『三四郎』『それから』『門』と読み継ぐは三回目なりせつなさは初《はつ》

美禰子得て『それから』『門』はなくなりぬ陽あたる庭に四十雀鳴く

四十雀ネクタイつけて木から木へ働きびとの明るきこゑに

わが婚をやめよと告げしそのわけのつひにわからず母呆けたり

朝明けの須臾にうかぶは誰のかほ　うつくしからず尾長のこゑは

生き残るただそれだけのためになほ戦《いくさ》はつづく六十五歳

肝・胆・腎・脾まで荒れつつ七十へ漕ぎゆかむとす櫂くろびかり

恋といふ恋をとかしてメタバース渦巻となるその濃《こ》むらさき

愛人のゐるとふ噂ゐないてふ噓もさやさや教授の宴《うたげ》

いつしらに真面目嫌ひになりしわれ酒呑まぬ彼くすぐつてやる

真面目こそ愛人もつにちがひない知らぬまに夏の宴は深し

さきくさの中島みゆき唇《くち》曲げて「男と遊んでる芝居」†をうたふ

† 「悪女」

ＡＩに歌つくらせてハンモックわれはゆつくり胡蝶とならめ

コピー

「第二の人生まづ訊いてみよ、ＡＩに」そはＡＩのごとき声なり

百億に因子分解されしのちコピーをされむわたしまるごと

わが脳解析《なづき》複写封入すロボットできてわれ世捨て人

わがコピーけふも議場で咳ばらひしてゐるらむかひと睨むらむか

折口は最後の砦　ゴーストをこころに抱くＡＩの世に

世渡りはＡＩがせよわれはひとり『死者の書』を読みながら死ぬべし

世界とおなじ壊れもの

Ⅰ　朝刊

わたくしは世界とおなじ壊れものペットボトルを双手《もろて》でつぶす

新聞が郵便受けに落ちてゆく憂悶のふるき音たてながら

郵便受けとびら開けば新聞のうすき黄色はかがやきそめつ

ポーチライトあしたひかりをすぼめゆく悲しみを隠すやうにしづかに

明け方に新聞読むはわが習ひさつと広げて折り目を撫づる

新聞は二十世紀の声音あり白秋泣かせし新聞いとし

朝明けに頸動脈のふるふのは裏切りにあふ予兆のごとし

来し方の裏切りおもへば涙出づ裏切りしひとおほく滅びし

時事を繰るクロスワードの変遷のむかし楽しや今は怖しも

にんげんは何をするのかわからない貴人《あてびと》隠すはだかのこころ

風かよふ明けの狭庭にあなあはれぴんくの薔薇がかがやきそめつ

資源ごみ捨てにゆくとき擦れ合ひて焼酎の壜こりこりと鳴く

焼酎は氷のうへにあそばせて舐めるがよろし魔は近づかむ

焼酎でぱかんと開く心から花の精出づ老い近きわれ

夜の夢忘れ明けては夢見ざりするする入る新聞の文字

後手番の藤井曲線のごときもの朝に夕べに新聞は見す

身の芯に白波立つよ投稿歌すみとほる悲《ひ》のつらなる見れば

富める悲と貧しき苦日々にあやなすを隅まで見ては朝刊を閉づ

縄文の土焼きし火よいついかに凶火《まがつび》は世を焼きそめにけむ

ちいと来てちゆるちゆると続く声の主目白をわれは飽かず聴くかも

四十雀、目白も去りてせいたかのしまとねりこはわれ凭れさす

詩を捨ててつめたく生きむさう決めし朝もありたり二十五なりき

Ⅱ　葦とＡＩ

陰暦が陽暦を犯しゐるごとき五月梅雨入りああ気味悪し

ヒトである恥づかしさここにはてしなくエコーにひかる腎臓の豆

聞こえねどエコーにいつも思ひ出すヨイトマケの土打つ響き

ヨイトマケ聴いて涙をながしゐし中坊のわれたふとからずや

二兎得しとわれを指さす人のあり二兎に食はるる野の草われを

しづかなるこの川原《かははら》やおぎろなく葦はゆれつつ夕陽を呼ばむ

ゆふなぎに汽笛を聞けばこの浮き世闇浮と呼びし昔しのばゆ

葦原の影の濃淡見つむれば泡のごときが湧く身のうちに

枯れ葦の夕陽になびく川土手にベンチありしばし立ちて眺むる

けけけけ葦切鳴けば妻と子のしのばるるかなひとりの旅に

葦原は妻のにほひすわれ捨ててひとりにならむといひしゆふべの

むつかしきことは学者のわれがやるただ葦であれ歌詠みわれは

昼の雨ひとは進退きはまりてキー打つならむ ChatGPT

ＡＩはほのぼのと目をひらきそめ問ふをうながすわが生《よ》追分

私はいつまで働くのだろう

「いつまで」と問へば答ふるＡＩの「いつまでも」ああ定年間近

「働く」と「死ぬ」しかあらね日本人酔ひざめの朝さびしく逝かむ

白いベッドで死ぬときひとは言ふならむ「囁‡くのよ私のゴーストが」

‡　士郎正宗『攻殻機動隊』

にんげんに最後に残るゴーストは歌とこそいへ迢空よ鳥よ

つれづれにＡＢＥＭＡ開けば藤井聡太アンモナイトの目してあらはる

タブレットあればテレビは不要なり初手指す待てば聡太茶を呑む

末の世の名人玉を囲ふあはれにんげんがそを見るは不可解

ＡＩに声音をつけるひとのありＡＩ泣かす夕陽あらむや

Ⅲ　伝令と薔薇

南山の伝令の唇《くち》赤きこと人殺す世のあはれとおもへ

陣取りの隅の隅にて伝令の撃たれ果てたる血は流れをり

旗立てて終はりとなさむ大将に愉悦はあるか目を閉ぢおもふ

軍医部長少将なれどその髭のもりあがるのはちとゆうもらす

実験をしない学者が遠望す「くすりばこ持たぬ薬師」のきみを

若きらの侍の血をあやぶめどせむすべもなしサイバー戦は

にんげんは銃もたば撃つウイルスをもたばよそびと滅ぼすならむ

われももつひとよの敵《かたき》されどそは歌を詠まねば攻むるに足らず

バスソルト散らしてしばし香に浸るさらば人生の光《かげ》よ野薔薇よ

わが裸体のびのびとせよくろがねの世を拗ねやまぬこころ沸くとも

しんじつを告げてうしなふ世の名利　薔薇は饐えつつ残り香のたつ

きみいまもアウトサイダー夜ふかくトマトつぶして焼酎かけて

老い人はこころ傾《かし》ぎてひとを見るアンデルセンの月よりさむく

千代田線銀の車体が鉄橋を這ひわたるとき赤き月出づ

あびこ、あびこ　水のにほひのする街へ声はこだます駅からあふれ

手賀沼とおなじ匂ひをたてながら鴨も川鵜もわたしも夜明け

トーストに甘露煮乗せてほほばれば尾長鴨鳴く手賀沼の岸

わかきらは薔薇咲く嗅ぎて出でゆかむああありえないこの世の戦《いくさ》

我孫子よりもどるふたつめ柏駅うわんうわんと朝から揺るる

つひにつひにホームに入りし父と母見守るたびに怪しきわれは

なにがあつても世を恨むなといひし母見えず覚えず今もほほゑむ

くりごとの積もりてちぢむ海馬なれ断層写真風鳴るごとし

うつくしき老人ホームにころぶ母その父の名を叫びやまずも

Ⅳ　新宮へ

あしひきの秋山聰にみちびかれ熊野新宮ゆかな燕よ

霧のなか笹の音すもにつぽんにまだ自由人ゐるてふ噂

「TOLSTOI」春あけぼのに書いて消す与謝野寛は泣いてゐたのか

すみとほる魂はひとを脅かす熊野古道のりんだうの花

熊野ゆく六根清浄いのちもていのちに応ふ修験者のこゑ

滝落ちて面となる水永劫のすみやまぬ音人おそれしむ

しらしらと熊野の石はかがやけり見上ぐれば秋の雲間のひかり

熊野川その川底の石の苔うつくしと見て鮎は食ふらむ

蟬の鳴く森を浮かせて鳴きわたり大空あをくかたぶきそめぬ

永遠も須臾も知らざる蟬のこゑとよみ来るときわれ老いゆかむ

峡《かひ》の石みづにひたりて音を出すこの千年を石はうごかず

りんだうの根方にしづく落つるとき部隊崩《く》えゆくユーラシア、秋

まぼろしに日露のいくさ見ゆるまで莢蒾《がまずみ》の実の揺るるつぶつぶ

みづからを正しとカメラに向きていふきみを信ぜずなり四十《しじふ》年

にこやかに言《げん》はつづけどうつせみのにんげんの香はなまなまとたつ

古井戸はひとを呼ぶらむ騒ぐらむ明日なき道を歩みそめし日

新宮を起点となさむこころざし西村伊作に佐藤春夫に

熊野川河口にたちておもへらく明治の熱き心よ還れ

秋雨の大河に激す水の音檜のくらき森にこだます

どの街も同じこゑなる拡声器老人の行方不明を告げて

オランダの街衢に麻薬・娼婦あり安楽死ありこころは動く

をさなごの傘の行進幸あれと見送るはひとつわれの白頭《はくとう》

根拠なき夢など抱くことなかれときをはかりて学生に告ぐ

つらがまへ不敵に出でて鳴きはじむ閻魔蟋蟀雨の木の下

V　鷗外文庫

コーヒーを近づけるなと貴重書庫貸し出しの司書は声ふるはせぬ

初版本『月に吠える』は「愛憐」と「戀を戀する人」欠落す

発禁のなごりの本のなつかしさミツユビナマケモノも指で繰るべし

発禁は戦争の種「その筋」の撒きし幾粒昭和に咲かむ

見えざれど絞首のゆびが近づかむ襟首そよと風吹きすぎぬ

「ひややかに魚介はしづむ。」文豪が赤い傍線引きしあとあり

「およぐひと」の律「ミニヨン」に酷似すもその気味悪さたぐひなかりき

コスモスは踏まるるまでの須臾の花さうさにんげんは天使ではない

無削除版『月に吠える』にふるるため前橋を訪はむ秋のこころは

まなざしの柔らに深くとろとろとをみなの教授ゲーテを語る

どよめきは「ワルプルギスの夜の夢」フラクトゥールは迷ひの絵文字

Idealist フィヒテを理想主義者とす誤訳にあらずと苅部直は

死のまへにわが憑依せむ黄金のツーレの王の捨てし盃

新出草稿ガブリエーレ・ロセッティその子らが詩の思ひ出さるる

クリスティナ・ロセッティから信仰を消して訳せり『海潮音』は

和漢洋山積みにして観潮楼ああ生真面目なむちゃくちゃがゐる

うらわかき茂吉もひとみ凝らしけむ呉秀三が『脳髄生理』

きらきらと知情の鎖ぶらさげて歩み寄るなり歴史そのまま

学もよし詩もよしされどわが目吸ふ川上善兵衛『葡萄種類説明』

マスカット・ベーリーAのやはらかさ想起するとき口しづくする

式守蝸牛四十八手図解入り、司馬光更定投壺新格

好事家のわれがさまよふ資料室事務官がそつと背を撫づるまで

外《と》にみゆる噴水《ふきあげ》は時をしたたらす猿《ましら》がわれになるまでの水

図書館はことばのなぎさ永劫の海に触れなむためらふなかれ

猟犬

おのづから乱れ重なるくれなゐの梅雨雲の下猟犬は老ゆ

犬の時間ひとの時間の七倍で過ぎゆくといふ総《ふさ》のくにびと

梅雨寒の滲透やまぬ土のうへ食はず吠えざる猟犬ふるふ

死にゆかむ猟犬はふたつ悲しみの目もて水無月送らむとせり

イギリスに祖《おや》はありしもこの犬は命絶えたり日本の砂利に

ほととぎすとほく聴きたるくろき耳垂れつつ耳はまだぬくきかも

アルキメデス

ふたたびの眠りの夢によみがへるアルキメデスの眉間の深さ

わが寝汗心《しん》にひびくと思ふまでシラクサの日は夢に輝《て》るかも

青ふかきみそらの裾にあはあはとアーモンド散るシラクサの丘

甲冑の軋みて寄する朝まだきアルキメデスはコンパスを振る

ささがにの走るさやけき音たててローマの兵は小路を来たり

しらひげ

望楼に火を見るこころ告げがたくなみだ出で来もにつぽんは秋

ごりごりとわがおとがひの白きもの撫づれば消ゆるか平成の意地

しらひげを育みながら夜の茂吉ほろびしパリを思ふなりけむ

あしたには火とならむ野のそよかぜにピノノワールは実りをむかふ

五本指まつすぐ伸べてにんげんはパリを廃墟にせよといひけり

夜の床にこひびとのごと思ふなりナチの愛人アルレッティを

わがことば聴くひとあらずベルベット撫でて最後のしづけさにゐる

大日越

ＡＩがあるじとならむ世を生きてわれはうたはむ狗尾草《ゑのころ》のうた

秋天のはてなき真澄《ますみ》ころころと狗尾草も首振りながら

みやこびと壺湯のなかでほほゑみて散華、散華と小声でとなふ

熊野なる大日の道のぼりくれば木の根しづかにひとを滑らす

小技のみはびこる歌は死ぬべしと熊も糞せり細道の苔

まひるまのうす闇を這ひにんげんは佛《ほとけ》を見しや草にぬかづく

目鼻なき佛がひとを救ふこと峠に入れば不可思議ならず

梢より「恥ぢよ」と声す　鷗外が学殖無き世憂ふる声か

大日の峠は森の裡なるをほよほよと羊歯もわれらもなびく

ここでなら言つてよいのか　つくづくと学問は無為にちかづくものと

鷗外と信夫いづれもたいせつと恋ふとき熊野はカオスの深さ

上流に滝を見しかどその象《かたち》おぼろとなりて古道はつづく

伊勢を避け熊野の雨の山をゆくすめらみことの鉄のこころや

輿に乗りここを越えたる後鳥羽院そを先導す定家喘ぎて

狂言綺語なすすべもなき熊野なれど定家は定家歌ふほかなく

歌詠みとわれを知るひと知らぬひと話しかけくることばが違ふ

補陀落をこころに秘めてましろなる山伏がわれを抜き去る須臾や

熊野川せせらぎに向きくだりゆく脛・腿・腰の止まらぬわらひ

本宮

おのづから荒ぶるこころ素戔嗚をうつくしとわが思ひそめし日

荒ぶるは若さのままといふ嘘を笑ひ飛ばせよ六十五歳

大日越たちまちくだる熊野川水ひかるときわれは眩暈《めまひ》す

カワガラス鳰よりながく水潜《くぐ》るよろこびの宮あるごとき目よ

船頭さんは市会議員と告げられてわれらゆらめき船べり叩く

御船島くるりとまはり去りゆかむ陰陽ふかくまじらふ川を

信心も俗心も宙《そら》ながれつつ熊野野伏の秋のゆふぐれ

ゆつくりと闇に近づくわが五蘊えんまこほろぎとなりて鳴きいづ

石のうへこほろぎは鳴き明星はその甲冑へふりやまぬかも

四方八方ガンを飛ばせどこのひともへタレこほろぎ　きりきり月夜

父のふるさと

雨のつぶわけてこの道すすみゆく一両電車やさしきあした

路面なる鉄路は雨にひかりつつ電車を降りしわれを滑らす

細川家霊廟の横ならぶ石　阿部彌一右衛門隅の隅なり

乱てふに足らざれどあかき血はありき阿部家に注ぐ雨ありいまも

パルナシアン森鷗外の筆圧は乱るるなけむわが息はいかに

台湾の工場団地たちならぶ父のふるさと車列はながし

九州は父のふるさとゆたかなる水あれば呼ぶウエハーの光《かげ》

Ｚｏｏｍしてほほゑみ交はす　ＮＶＩＤＩＡ　ＣＴＯはわが古き友

わが望む姿ならねど世界はやＡＩの世ぞ走るよ走る

旧制五高漱石・寅彦・わが父よ　聴け苛烈なるＡＩのこゑ

桜道中

花の夜も神経痛は来襲す浮き世に未練なしと来しかど

「地獄八景」米朝・枝雀・文珍と聴きつつもとなこめかみが痛！

これやこの救急棟のしろ扉《とびら》吸はれゆくわれと桜の花と

冥府とはくだりてゆくにあらざると神野志隆光のたまひたまふ

ロックフェラー「天国で待つ」の遺言にフォードは答ふ「行けるならばね」

ああなんで激痛のいま思ひだす古代学者や財閥のことば
《Après moi le déluge》 つぶやきぬ桜吹き寄るゆふべの窓に

擁腫

歌やらむ仕事はやめむ　ＡＩに告ぐればぽつり「結をいそぐな」

ひさかたのひかりは春のＧＰＴ第二の人生まだだと答ふ

特任《とくにん》教授になりて四月に職つなぐあたふたと高齢初心者のわれ

散歩靴ちびてゆくなり資本家とＡＩだけが偉い世界に

ＡＩもおもしろけれど薔薇咲けばブリコラージュの歌を歌はな

生業に歌に賞来る不可思議の定年われに痛苦も来たる

神経科・整形外科をめぐれども春は知れざり痛みのもとは

午前九時病棟地下を歩み来てわれはひんやりＰＥＴに入る

きらきらとリンパ腺腫のかがやくは走馬灯より存在感あり

ああこれが麻痺と痛みのわけなのか３Ｄ映像いつたりきたり

半世紀ひとりよがりの連なりのこころなりけむ癌招きけむ

書生の性《さが》どこまでもふかく尋ねをり腺腫の種別、位置とおほきさ

うらわかき女医にぞいらふ「人生はもう十分だ」本音のごとく

電子メールは退職金の明細書この八桁は他人事なり

したためし遺書に封するる紙ボンド　公証役場に行く時間なく

痛《つう》深きゆふべ最終講義せり学へ の遺言秘せざる花よ

https://www.youtube.com/watch?v=mwq7p3gzd5Q

十八で入学そして六十五同じ敷地で入院をする

血液内科入院棟へ妻が来て四角い笑顔見せし二時間

たらちねは老人ホームに呆けたり妻よ告ぐるなわれが逝くとも

抗癌剤

ドキソルビシンそのくれなゐがボーマン嚢めぐりて落つる春の便器に

脊髄注射

まつぴるまパンツを下げて背を丸め髄注《ずいちゅう》受けるわれは空蟬

針刺すは女医がよろしと念ずればやさしき顔の来たりうれしも

「一時間仰臥のままに静止せよ」迦陵頻伽のこゑ降るまひる

主任教授が「治る」といへば治るのか彼去りてながく眠られぬ夜

シーラカンスの胸鰭のごと両腕をくるんと回すまだ眠られず

其大本擁腫而不中縄墨（『荘子』「逍遥遊篇」）

目を閉ぢて樗《ちょ》をおもふなりわれもまた擁腫《ようしょう》の日を楽しまむかな

榜となりてひろらなる野に移りたし斤斧《きんぷ》に屈することなきうちに

明けのひかり天井・壁をしろくするああほののぼのとちひさな世界

朝窓は風に吹かれて横靡く今年あたらし柳のみどり

病室にわれ漫画読むこのまひる健常者働き地球を汚す

仕事したい歌も書きたい僧帽筋ベッドのうへでむずむずとする

この日々や惑ひを秘する技みがくほかはあらざり鏡を見つむ

入院の二十五日間起伏あり昨夜《きぞ》なまぬるき煮魚は食へず

抗癌剤あと五クールの通院を課され「めでたし」退院決まる

妻は来ず息子が来たる退院日　婚約したとぼそりと彼は

フィアンセの名を言はぬ子よ外国人か芸能人かとわれは問ひつむ

口角をあげてしづかに子は答ふ「ふつうの人だ」翔平かおまへは

玄関のとびら開かれ妻が立つちひさな家のちさきかがやき

兼好の潮のたとへを思ひ出すわが潮はひとより迫りゐるらし

頭髪抜けてタコ坊主

タコ踊りまづはワンマンショーでやり妻に見せれば笑ひ爆たり

黄泉路とは何かと問へるその問ひに三クール過ぎ慣れゆくこころ

春蟬が過ぎ熊蟬が啼きそめぬこの坪庭に初の猛暑日

ステロイドに眠られぬ夜のあけながら熊蟬聴けり自然《じねん》のなみだ

熊蟬はなぜ関東に来て啼くかみどりに透ける羽ふるはせて

熊蟬をわが庭へ呼ぶ温暖化にんげんの悪はうるさいものよ

アマテラスもともと男神《をがみ》なりしてふ思ひ出させる猛暑の陽射し

水打てば明鏡止水の水たまりとどのつまりのわが欲映す

身実《むざね》ひとつ恥づかしけれど曝すほか歌ふほかなし桃のしづくよ

細胞みな再生させむグーグルの不死プロジェクト　嫉《しつ》はてしなし

太古なるかの帝王の不老不死いまＩＴの王に孵《かへ》りぬ

あと二千歌を詠みたし十年の、いや十五年の余命をたまへ

森の中へ

ダンマパダさびしい朝や読むほどにこころはふかき森にちかづく

身はひくく秋から冬へわたりゆくインドの僧のごとくしづかに

わきいでて澄みやまぬものいにしへの上知の水かここにさやさや

泉より川となる水そのうへをすべるあめんぼ快なりや水

こぼれきし鶲のこゑは金《きん》のこゑ枯葉ふる森歩みきたりて

鶲のこゑ枯葉散りしく径にふり見あぐればたかく枝交はす椎

おのづからふかきに入りし森に問ふどこにもをらぬわたくしのこと

まだぬくきおにぎり包むアルミ箔そのかがやきへかげろふが寄る

かげろふの夕べ知らぬをあはれめど何も知らざりこの霊長は

揺れやまぬＩＴの世をすすみきていよいよ親し天竺のひと

はしけやし名もなき森の名もなき木もたれてひとは涙こぼせり

鶺鴒のちくちくあをき尾をふればわれもこくこく首ふるあした

灰色の犬吼ゆるなくつながるる欅の大樹あかき首縄

にんげんが自由だなんて誰《た》が決めし煩悩いくつ来ては去るのみ

煩悩を見定むるまで熟れたるや問はず語りに森の径ゆく

病得てはじめて気づく老いのことふたたびおもふ頭《づ》を掻きながら

病癒ゆこの森は姿変はらねどむかしと違ふ風の匂ひす

一期は夢狂へといひしむかしびと科学にとほし仏陀にはなほ

聞けや聞けひよに恐怖のこゑはあり空気切り裂く冬の梢に

ひよどりはなにを怖がりひいと鳴くハシブトガラスのまんまる黒目

あと七年平均健康寿命まで影のごとくに執《しふ》はうつろふ

名も富も執するならず口笛を吹きて恋ふなりぴんぴんころり

世の偽善すべて暴くといひ放ち学捨てし君はいまタンザニア

われは病を若者は生を苦といひきぎいぎいと鳴る貸部屋の椅子

プーチンとネタニヤフの顎よく似たりことば放ちてたぢろがぬ顎

水といふ狩場をくぐる翡翠の刹那の修羅を喝采すひとは

翡翠の平均寿命二年てふ魚獲るループ尽きゆかむはや

口笛の息尽きむとすその刹那にんげんわれやほほゑみてあれ

紙風船

元旦に為すこともなし紙風船打ち上げてをり枯れ木の庭に

重力を感ずるなけむ紙風船ガリレオ知らぬ自由をもちて

遠巻きに紙風船のめぐり飛ぶ新春《はる》の子雀三羽の真昼

坪庭にわが落とす影さやさやと木の影のごと問はず語りす

はるかなる初恋のごと白猫がしろき椿の下に手を振る

とねりこの緑をゆする風無きもしづかに爆《は》ずる太陽フレア

紙風船ぽちやりと着地まつぴるまあかき光添ふあをき影添ふ

紙風船あかき光は滲みたりあの子はどこで夢みるらむか

紙風船あをき影とはわたくしの重ねし罪かひと恨むべし

かなしみも思ひ弱れば苦とならむ牧水の小枝子白秋の俊子

同僚か恋人かわれを恨むものおぼろといへば嘘かもしれぬ

庭に輝《て》る紙風船にひとすぢの皺寄るは見ゆほそくさびしく

わが病ひとの妬みにそふものかムーンフェイスの紙風船よ

生きすだまひと襲ふ夜のまつしぐら光源氏は襲はぬ不思議

若者の無鉄砲われは十年を庇ひつづけぬその果ては惨

さもよけれ戦争無き世来るならば　ネット頼みのＡＩ任せ

わがごとき専門家さへ懼れたり生成ＡＩこれ暴れ馬

ゆくりなくアメリカの友心の臓やぶれて死にき語りたかりき

退職金と年金の隙間三年《みとせ》なる設計図はや一年過ぎむ

偉くなるならぬはもはや他人ごと昼寝でもせむ『菜根譚』よ

官学を離れてわが身野《や》に生きむ生きて揚げむかこの紙風船

さはされどここなる春のふふふふふひとは笑へり「君には無理」と

荘子好きは偽善の技といふひとへ白へびのごとき目をしてわれは

檸檬なりて檸檬の木こそ軋むなれかくあざやかに植物の四季

檸檬の葉食みゐる蝶の幼な日を鴉奪へりわが見てゐしに

かのひとはあそび上手の出世好き双六あがる炬燵の塵よ

鷗外文庫

鷗外は高位高官だつたのか　否とごちつつ案内を書く

とどまらぬ鷗外好きの幾たりを歌にぞ詠まむひとには見せず

奇跡の書『澁江抽斎』手に思ふわれにはいまだ来ない時間を

吾《あ》もきみも河原乞食とながらへて閻浮は歌の花ざかりなれ

あとがき

『鷗外の甍』は私の第十三歌集。二〇二一年春から二〇二五年新春まで、およそ四年間の歌の中から五百七首を選んで入れた。

この歌集の冒頭の頃、大学の附属図書館長を拝命した。

また、この期間には、歌集『途中騒騒』（本阿弥書店）、『森鷗外の百首』（ふらんす堂）、『蘇る短歌』（本阿弥書店）、『世界を読み、歌を詠む』（ながらみ書房）、『サイバー社会の「悪」を考える――現代社会の罠とセキュリティ』（東大出版）、『うたごころは科学する』（ＫＤＰ）の六冊の単著を上梓した。

二〇二四年三月で承継の教授職は六十五歳の定年を迎え、特任教授となった（図書館の仕事は継続中）。未だ現役の研究職にはあるが、どちらかといえば、人の研究のお世話をする仕事のほうが中心となっている。

ちょうど定年となる頃、偶然受けたＣＴで、リンパ腫が発見された。東大病院に入院と通院を幾度か繰り返し、治療が終わるのに八ヶ月かかった。この間、学内外の仕事は病室からオンラインでこなしたが、講演会や大会選者などいくつかはキャンセルせざるを得なかった。この場を借りてお詫び申し上げたい。なお、今は完治して普通に生活している。

集中の「鷗外守」一連で第六十回短歌研究賞をいただいた。その流れで本歌集を短歌研究社から出版してもらうこととなった。同社の本は、第五歌集『牧神』以来のこと。編集長の國兼秀二さん、ご担当いただいた菊池洋美さんには感謝である。

森鷗外。石原純。北原白秋。木下杢太郎。釈迢空。南原繁。馬場あき子はじめ現代歌人たち。歌集題『鷗外の甍』は、明治から連なる皆さんへのオマージュです。長く私を支えていただき、ほんとうにありがとうございます。

二〇二五年三月一日

坂井修一

検印省略

かりん叢書第四四七篇

令和七年四月二十日　印刷発行

歌集

鷗《おう》外《がい》の甍《いらか》

著者　坂《さか》井《い》修《しゅう》一《いち》

発行者　國兼秀二

発行所　短歌研究社

郵便番号一一二―〇〇一三

東京都文京区音羽一―一七―一四　音羽ＹＫビル

電話〇三（三九四四）四八二二・四八三三

振替〇〇一九〇―九―二四三七五番

印刷・製本　シナノ書籍印刷株式会社

ISBN 978-4-86272-800-5 C0092